LA PIPELETTE BAVARDE

L'auteur

Barbara Park naît en 1947 dans le New Jersey, aux États-Unis. Aujourd'hui, elle vit en Arizona avec son mari. Elle ne s'est mise à écrire que vers l'âge de trente ans, mais elle a déjà reçu plus de 40 récompenses pour ses livres.

Suzie la chipie

Barbara PARK

La pipelette bavarde

Traduit de l'anglais
par Nathalie Zimmermann
et adapté par Sophie Dieuaide

Illustrations de Corinne Bongrand

POCKET
jeunesse

Titre original :
Junie B. Jones and her Big Fat Mouth

Publié pour la première fois en 1993
par Random House, Inc., New York,
et simultanément au Canada
par Random House of Canada Limited, Toronto.

Loi n° 49-956 du 16 juillet 1949 sur les publications
destinées à la jeunesse : mai 2004.

ISBN 2-266-11923-0

1

Une punition !

Je m'appelle Suzie-B. Joly. Le B, c'est la première lettre de Béatrice. Je n'aime pas ce prénom-là, mais le B tout seul, j'adore !

Moi, je vais à la maternelle. Et ma classe, c'est la numéro neuf !

À la maternelle, il y a plein de choses qu'on n'a pas du tout le droit de faire, ça s'appelle *les règles*.

Par exemple… ne pas crier comme des fous !

Ou… ne pas courir dans les couloirs !

Ou encore… ne pas donner des coups de tête dans le ventre des autres !

Dans ma classe numéro neuf, j'ai aussi une maîtresse qui s'appelle Madame.

Elle a un autre nom mais je ne m'en souviens jamais. Et puis, moi, j'aime bien dire Madame tout court.

La semaine dernière, Madame a frappé très fort dans ses mains et elle nous a fait des *clarations*.

Des *clarations*, c'est comme ça qu'on dit à l'école quand la maîtresse annonce quelque chose de très, très important.

— Les enfants ? Pourrais-je avoir votre attention, s'il vous plaît ? nous a-t-elle demandé. Aujourd'hui, nous allons faire quelque chose de très spécial dans la classe neuf... Nous allons discuter des différentes professions que vous pourrez exercer quand vous serez grands !

— Oui, ai-je dit tout de suite. Mais vous savez quoi, Madame ? Moi, je ne sais même pas ce que c'est une profession ! Je n'ai jamais entendu ce mot-là !

Madame m'a regardée avec des yeux un peu noirs et elle a expliqué :

— Une profession est un *métier*, Suzie-B. Et tu seras gentille de lever la main avant de parler !

Et puis, Madame a encore dit des choses sur les professions. Et elle a dit aussi que le lundi suivant, ce serait la Journée des Métiers. Et que chaque enfant viendrait à la maternelle habillé pour le genre de métier qu'il voudrait faire plus tard.

Après ça, toute la classe numéro neuf a été très énervée. Sauf moi. Parce que j'avais un gros problème, c'est pour ça.

— Oui, mais vous savez quoi ? ai-je dit. Moi, je ne sais pas ce que je voudrais faire comme métier quand je serai grande. Ça veut dire que je pourrai pas venir à l'école lundi ! Et ça veut dire que je vais rater ma grande section de maternelle ! Et même que je vais redoubler !

— Bien fait ! a crié l'imbécile que je déteste qui s'appelle Valentin.

Je lui ai montré mon poing. Et j'ai crié aussi :

— Tu veux que je mette ça dans ta sale tête de patate ?

Madame est venue à côté de ma table. Elle s'est baissée tout près de moi.

— S'il te plaît, Suzie-B... Il faut absolument que tu essaies de mieux te contrôler en classe. Nous en avons déjà parlé, tu te souviens ?

— Oui... ai-je répondu très, très poliment. Mais je déteste cette andouille de Valentin !

Juste à ce moment-là, ma meilleure copine, Lucille, qui est assise à côté de moi, s'est levée. Elle a secoué sa robe pour faire bouger les volants du bas et elle a dit :

— Moi, je me contrôle toujours bien, hein, maîtresse ? C'est parce que ma marraine m'a appris tout ce qu'il faut faire pour être une vraie

Et que tu te sens vraiment, vraiment pas en forme.

C'est pour ça que j'ai mis ma tête sur la table et mes bras sur ma tête.

Les punitions, ça enlève toute l'amitié qu'on a à l'intérieur de soi.

Alors, à la récré, je n'ai pas parlé à Lucille. Et je n'ai pas parlé non plus à mon autre meilleure copine qui s'appelle Chloé.

Je suis restée assise toute seule sur l'herbe. Toute seule !

Et j'ai observé le gardien de mon école qui repeignait les poubelles.

Et puis après, j'ai joué avec un petit bâton et une fourmi et c'est tout.

— Je déteste la classe numéro neuf ! ai-je dit tout bas.

Sauf qu'à ce moment-là, j'ai vu quelque chose de super bien dans l'herbe ! Des bonbons à la fraise ! Deux ! J'adore ça, moi !

Alors j'en ai vite ramassé un, j'ai soufflé dessus pour faire partir les microbes et je l'ai fourré dans ma bouche.

Mais quelqu'un a crié très fort :

— Oh ! Crache ! CRACHE ÇA TOUT DE SUITE !

J'ai tourné la tête.

C'était le gardien ! Il arrivait vers moi à toute vitesse et ses clefs gigotaient à sa ceinture. Il a encore crié très fort :

— CRACHE ÇA, JE TE DIS !

Alors j'ai craché le bonbon par

terre. Parce que ce monsieur-là me donne la trouille, c'est pour ça.

Il s'est accroupi à côté de moi.

— Je n'ai pas voulu te faire peur, petite, m'a-t-il dit. Mais j'ai repéré ces bonbons sales dans l'herbe et je voulais aller les jeter dès que j'aurais fini ma peinture.

Il m'a examinée avec un air très sérieux.

— Il ne faut jamais manger ce que tu trouves par terre ! m'a-t-il expliqué. Tu m'entends ? Jamais !

— Mais j'ai soufflé dessus pour faire partir les microbes...

Le gardien a secoué la tête.

— On ne peut pas faire partir les microbes comme ça ! C'est très, très

dangereux de manger ce qui traîne par terre !

Alors, il a ramassé les bonbons dangereux. Ensuite il m'a dit :

— Tu peux aller jouer, maintenant...

J'ai poussé un gros soupir.

— Je ne peux pas... Parce que je n'ai pas pu m'empêcher de dire des choses interdites en classe. Je ne sais pas tenir ma langue, moi ! Et j'ai eu une punition. Et maintenant je déteste ma meilleure copine.

Le gardien a eu un sourire un peu triste.

— Aaaah... la vie est parfois dure, hein, ma petite demoiselle ?

J'ai levé la tête et puis je l'ai baissée.

— Ah, ça, c'est vrai ! ai-je répondu. La vie, elle est archinulle !

Le gardien m'a fait une caresse sur la tête et il est parti.

Et vous savez quoi ?

Je l'aime bien, moi, le gardien.

Et c'est tout.

2

Un policier de la police !

Quand on est rentrés en classe après la récréation, Madame frappait drôlement fort dans ses mains.

— Les enfants ! Dépêchez-vous de vous asseoir ! J'ai une merveilleuse surprise pour vous !

Tout de suite, ça m'a fait des chatouilles dans le ventre. Ça me fait toujours ça quand je suis énervée. Parce que les surprises, c'est ce que je préfère au monde !

— Est-ce qu'on va avoir des beignets à la confiture ? ai-je demandé.

Madame a mis un doigt sur ses lèvres. Ça veut dire *Tais-toi.*

— Oui, oui ! Mais vous savez quoi ? Je les adore, moi, les beignets ! Surtout ceux à la confiture ! Sauf que j'adore aussi ceux au sucre ! Et ceux au chocolat !

Ça m'a mis de la salive plein la bouche, et il y en a une toute petite goutte qui est tombée sur ma table.

Je l'ai bien essuyée avec la manche de mon pull.

Mais alors, on a frappé à la porte.

Madame s'est dépêchée d'aller ouvrir.

— Eh ! C'est un policier de la police ! ai-je crié, très excitée.

Et le policier est entré dans ma classe numéro neuf.

Il avait une chemise bleue et une plaque en métal brillant sur la poitrine. Et des bottes noires qui brillaient aussi. Et un casque de moto blanc qui brillait encore plus.

Madame a souri.

— Les enfants... Je vous présente mon ami, l'agent Martin ! L'agent Martin est policier. Qui peut me dire ce que fait un policier ?

— Moi ! ai-je crié. Les policiers, ils embarquent les gens ! Je le sais parce que, un jour, des policiers ont embarqué quelqu'un de ma rue ! Les gens disaient : « Regardez ! Ils l'embarquent ! » Je crois que ça veut dire qu'ils l'ont emmené en barque faire

un tour... Oui ! C'est ça ! Un tour en barque !

À ce moment-là, Valentin, que je déteste, a rigolé très fort.

— N'importe quoi ! s'est-il esclaffé. *Embarqué*, ça veut dire qu'on l'a *arrêté*, idiote ! Il est en prison, ton voisin !

Les autres ont commencé à rigoler aussi, alors je me suis caché la tête.

— M'en fiche, moi... Je ne le connaissais même pas, alors... me suis-je dit tout haut.

Ensuite, l'agent Martin a retiré son casque blanc super brillant. Et il nous a raconté son travail de policier. Un policier, ça donne des amendes aux papas qui roulent trop vite. Ou ça arrête les gens qui ont trop bu.

Et puis il nous a laissés jouer avec ses menottes et son casque super brillant. Sauf que le casque était trop grand pour ma tête. Il me tombait en plein sur mes yeux.

— Hé ! Ho ! Qui a éteint la lumière ? ai-je demandé.

Mais c'était pour rire.

Ensuite, on a encore frappé à la porte.

Cette fois, c'était une dame avec une longue blouse blanche. Elle portait une brosse à dents géante, toute rouge.

— Les enfants... Voici le docteur Sourire, a dit Madame. Le docteur Sourire est dentiste pour les enfants !

Le docteur Sourire a accroché au tableau des affiches avec des tas de

dents dessinées dessus. Et puis elle a parlé d'une madame Carie. Et elle a dit qu'il fallait se brosser les dents le soir. Et aussi le matin.

— Oui, parce que si on se lave pas les dents le matin, ai-je dit très fort, on sent dégoûtant de la bouche !

Après, j'ai montré ma dent qui bouge au docteur Sourire.

— Tu es impatiente de la voir tomber ? m'a-t-elle demandé.

— Oui ! Sauf que des fois, quand ça saigne, je pleure !

Le docteur Sourire a distribué du fil dentaire vert à la menthe. Et tous les élèves de ma classe numéro neuf ont essayé de s'en servir.

En fait, il faut juste se passer de la ficelle entre les dents.

Mais il y a quand même eu un accident.

C'est parce que le garçon qui s'appelle Guillaume a entortillé son fil dentaire trop serré. Alors toutes ses dents se sont retrouvées attachées dans un gros paquet de nœuds. Et même le docteur Sourire n'arrivait plus à le défaire.

Alors Madame a dû appeler le gardien vite fait. Il est arrivé en courant dans ma classe numéro neuf et il a allumé sa lampe de poche dans la bouche de Guillaume.

Et là, le docteur Sourire a réussi à enlever tout ce fil dentaire drôlement dangereux !

Toute la classe a applaudi.

Et le docteur Sourire a salué.

Et puis Madame a dit qu'il y en avait peut-être parmi nous qui voudraient s'habiller en policier ou en dentiste pour la Journée des Métiers.

— Mais qu'est-ce qu'on fait quand on n'aime pas les gens qui sentent le vin ou les dents dégoûtantes qui saignent ? ai-je demandé.

Madame a levé les yeux jusqu'au ciel, et puis elle a raccompagné l'agent Martin et le docteur Sourire dans le couloir.

C'est là qu'il y a eu des bavardages partout dans la classe.

Les *bavardages*, c'est ce qu'on fait quand la maîtresse s'en va un petit moment.

— Moi, pour la Journée des Métiers, je vais m'habiller en star de cinéma ! a décidé une fille qui s'appelle Émilie.

— Et moi, en princesse ! a dit Lucille, ma meilleure copine que je déteste.

J'ai ricané.

— Pff ! Moi, j'ai dix mille fois mieux ! ai-je crié. Je vais me déguiser en taureau !

Et puis, j'ai couru à toute vitesse dans la classe. Et j'ai donné un grand coup de tête dans le ventre de cet imbécile de Valentin !

Et vous savez quoi ?

Je ne me suis même pas fait punir !

Voilà !

3

Je ne sais pas tenir ma langue...

Après l'école, moi et mon autre meilleure copine qui s'appelle Chloé, on a été ensemble prendre le car.

Chloé voulait qu'on avance en sautant jusqu'à l'arrêt. Et moi, je ne voulais pas.

— Mais pourquoi tu ne veux pas ? m'a-t-elle demandé. On saute toujours pour aller au car !

— Je sais, Chloé, je sais… lui ai-je répondu. Mais aujourd'hui, moi, j'ai un gros problème dans ma tête. J'ai que je ne sais pas ce que je veux faire comme métier quand je serai grande…

— Oh ! Moi, je sais ! a dit Chloé. Je serai Mickey à Eurodisney !

J'ai poussé un énorme soupir.

— Ouais, mais c'est vraiment dommage pour toi, Chloé ! Parce que c'est raté ! Parce qu'il y a un seul Mickey vivant, et ce n'est pas toi !

Alors Chloé s'est forcée à rigoler très fort, exprès pour se moquer de moi :

— Ha ! Ha ! Mickey n'existe pas pour de vrai, grosse nouille ! C'est rien qu'un humain avec un costume de souris !

Alors je me suis sentie un peu bizarre.

Parce que je ne savais pas que Mickey était rien qu'un costume, c'est pour ça.

— Pourquoi tu m'as dit ça ? lui ai-je demandé. Maintenant, je suis triste, moi...

Et puis, je me suis dépêchée de monter dans le car et je suis allée tout au fond du fond, près de la fenêtre.

Sauf que je n'arrivais pas à être tranquille. Parce que tous les enfants parlaient de cette idiote de Journée des Métiers.

— Moi, je serai une chanteuse super célèbre ! a dit une fille qui s'appelle Lise.

— Et moi, une joueuse de tennis célèbre aussi ! a dit une autre fille qui s'appelle Caroline.

Et puis, une troisième, Charlotte, a dit qu'elle voulait être un peintre encore plus célèbre.

— Les peintres célèbres, ça s'appelle des artistes ! a-t-elle expliqué. Et les artistes sont très, très riches !

Ça, ça m'a remonté légèrement le moral. Parce que, vous savez quoi ? Ma mamie Louise dit tout le temps que je fais des peintures magnifiques.

— Eh ? Peut-être que moi aussi, je serai un peintre célèbre ? ai-je dit.

— Moi, je serai gardien de prison, a dit un garçon qui s'appelle Robin. Mon oncle Roger est gardien de prison. Et c'est lui qui garde toutes les clefs !

Moi aussi, une fois, mon papa m'a donné la clef de la porte de la maison. Et même que je l'ai ouverte toute seule ! Et même que personne ne m'a aidée !

— Eh ! Moi aussi, je pourrais faire ça ! Les clefs, je sais drôlement bien m'en servir !

À ce moment-là, Guillaume a levé la main comme en classe.

— Euh... Moi... je serai un super héros, a-t-il dit doucement. Et je sauverai les gens qui sont en danger...

Et moi, j'ai bondi de ma place parce que c'était la plus chouette de toutes les idées ! J'ai hurlé :

— Moi aussi ! Moi aussi, Guillaume ! C'est trop bien ! Moi aussi, je veux sauver les gens qui sont en danger !

Mais alors, ce crétin de Valentin s'est levé aussi.

— Copieuse ! m'a-t-il crié. Copieuse ! Tu ne fais rien que copier les autres ! Et puis, on ne peut même pas faire trois métiers en même temps. Tu peux en avoir qu'un seul !

Je l'ai regardé avec mon air pas content.

— Eh bien, moi, j'en ai qu'un seul ! Un spécial ! Un métier de peintre célèbre qui ouvre les portes et sauve les gens ! Voilà ! Et t'as plus rien à dire !

Cet imbécile a fait le signe que j'étais toc-toc.

— Idiote ! m'a-t-il crié. Suzie-B... Suzie-Bécassine, oui ! Ton métier spécial, il n'existe pas dans tout l'univers !

— SI ! IL EXISTE ! ai-je hurlé. IL EXISTE, ET C'EST LE PLUS MIEUX DE TOUS LES MÉTIERS DU MONDE !

Il a croisé les bras et il a eu un sourire carrément méchant pour me demander :

— Ah ouais ? Alors... dis-le ! Comment il s'appelle, ton métier ?

Il y a eu un grand silence dans le car.

Et tout le monde a attendu et attendu encore que je dise le nom de mon métier spécial.

Sauf que je n'arrivais pas à en trouver un.

Alors ma figure est devenue toute chaude.

Et je me suis sentie encore toute ramollie.

— Tu vois ? Je l'avais dit ! a crié cette teigne de Valentin. Ça n'existe pas un métier comme ça. Je l'avais dit ! Je l'avais dit !

Je me suis assise sans parler. Et j'ai regardé à travers la vitre.

Parce que j'avais comme une grosse boule dans le ventre, c'est pour ça.

Je ne sais vraiment pas tenir ma langue !

4

Ce minus de bébé à la gomme !

Au coin de ma rue, je suis descendue du car. Et puis, j'ai couru à la maison. Je suis rentrée très vite et j'ai crié :

— Au secours ! Maman ! J'ai des problèmes ! J'ai encore trop parlé dans le car ! J'ai dit que je serai un peintre qui ouvre des portes et qui sauve des gens ! Mais, maman !

Maman ! Je ne sais pas comment il s'appelle, moi, ce métier-là !

— Par iciiii… a répondu maman.

Par iciiii, ça veut dire dans la chambre du bébé. C'est là qu'habite mon nouveau petit frère, Hugo.

J'ai couru là-bas le plus vite que je pouvais.

Maman berçait Hugo dans le fauteuil à bascule. Il était un petit peu endormi.

— Il faut vraiment que tu m'aides ! ai-je encore crié. Parce que maintenant, j'ai dit un gros mensonge et je ne sais plus quoi faire !

À ce moment-là, Hugo s'est réveillé. Et il s'est mis à crier aussi.

— Ah ! Bravo, Suzie-B. ! m'a grondée maman.

— Euh... Oui, pardon... mais c'est que je suis vraiment très embêtée ! ai-je expliqué.

Hugo hurlait de plus en plus fort.

Maman l'a posé sur ses genoux. Et puis elle s'est frotté le front, des deux côtés, avec ses doigts.

C'est parce qu'elle devait avoir une *demi-graine* qui fait mal dans la tête, je crois.

— Tu vas devoir attendre que le bébé se calme ! m'a-t-elle dit, toujours fâchée.

— Oui, sauf que je ne peux pas attendre parce que...

Maman m'a coupé la parole :

— Plus tard, Suzie-B. ! Je viendrai te parler dès que je pourrai. Mais maintenant, tu sors, s'il te plaît.

Et puis elle a montré la porte !

Montrer la porte, ça veut dire dehors !

— Zut, alors ! ai-je rouspété. Zut, zut et rezut !

Parce que ce minus de bébé à la gomme prend tout le temps de ma maman.

Et qu'il est même pas intéressant.

Il ne sait pas se tourner. Il ne sait pas s'asseoir. Il ne sait pas jouer aux dames.

Je crois qu'il est un peu idiot.

J'aimerais bien le rapporter à la maternité, mais maman ne veut vraiment pas.

Alors je suis sortie dans le jardin devant la maison.

Je me suis assise dans l'herbe, toute seule, et j'ai encore joué avec un bâton et une fourmi.

Mais cette imbécile de fourmi m'a piquée… il a bien fallu que je lui lâche une pierre sur la tête.

À la fin, la voiture de mon papa est arrivée. Et mon cœur est redevenu content.

— Papa est rentré ! ai-je crié. Papa est rentré ! Hourra !

Et j'ai couru dans ses bras. Il m'a portée et il m'a fait le plus gros câlin de la terre. Je lui ai dit :

— Je suis drôlement heureuse de te voir. Parce que lundi, il faut que je m'habille comme le métier que je veux faire plus tard. Sauf que, pas exprès, j'ai dit que j'allais faire de la peinture, sauver des gens et garder plein de clefs. Mais qu'est-ce que ça peut bien être comme métier, ce truc-là ?

Mon papa m'a reposée par terre. Ses sourcils avaient l'air de rien comprendre.

— Est-ce qu'on peut reparler de tout ça au dîner ? m'a-t-il demandé.

— Ah, non ! Il faut qu'on en parle maintenant ! J'arrête pas d'attendre, moi. Et cette histoire commence à m'énerver !

— J'ai bien peur que tu ne doives patienter quand même un peu, ma Suzie-B., a dit papa. Parce que je dois aller voir si ta maman a besoin d'aide pour le bébé...

Et il m'a fait un bisou sur la tête. Et il est parti dans la maison.

Et vous savez quoi ?

Des fois, je voudrais que cet idiot de minus d'Hugo ne soit jamais venu habiter chez moi !

5

Oups !

Quand je suis retournée dans la maison, Hugo pleurait toujours. Très fort.

Parce que maman n'arrivait pas à trouver sa tétine.

Une tétine, c'est un truc en plastique que les bébés aiment bien avoir dans la bouche. Pourquoi ? Mystère ! Un jour, j'ai sucé celle d'Hugo et ça avait exactement le même goût que mes chaussons rouges.

À ce moment-là, maman est sortie en courant de la chambre de mon petit frère.

Elle avait les cheveux en l'air.

Ses habits étaient tout chiffonnés.

Elle n'avait qu'une seule chaussette, et c'est tout. Et elle criait :

— Mais où est-elle passée ? Mais où est sa tétine ? Elle n'a quand même pas disparu comme par enchantement !

Alors, papa et moi, on a dû l'aider à chercher la tétine.

J'ai regardé dans le canapé. Parce que, souvent, quand on passe la main derrière les coussins, on peut trouver des trucs super.

Cette fois, j'ai trouvé trois Mentos et un pop-corn.

Ils étaient très bons.

Après, j'ai cherché sous le grand fauteuil de papa. Seulement il faisait trop noir là-dessous. Alors j'ai couru chercher la lampe de poche. Parce que j'ai vu comment on se sert d'une lampe de poche à l'école, vous vous souvenez ?

J'aime bien allumer les lampes de poche dans le noir. Je l'ai allumée dans le placard tout sombre. Et puis dans l'escalier de la cave tout sombre aussi.

Et puis je me suis souvenue d'un autre endroit bien sombre – la chambre de ce pleurnicheur d'Hugo. Parce que les rideaux étaient tirés pour sa sieste, voilà pourquoi.

Je me suis précipitée là-bas.

— La, la, laire, ai-je dit à ce pleurnichard d'Hugo. J'ai une lampe de poche, moi !

Je l'ai dirigée vers le plafond.

— T'as vu ça ? Regarde le petit rond de lumière là-haut !

Et puis j'ai orienté la lumière vers le papier peint avec les animaux de la jungle dessinés dessus.

— Tu les vois, les singes, Hugo ? Et le gros nippopo-truc ? Tu le vois ?

Mais mon petit frère a continué de crier. Il n'a même pas eu de courtoisie envers moi.

La *courtoisie*, c'est comme ça qu'on dit à l'école pour écouter très poliment les autres.

C’est pour ça que j’ai braqué la lampe en plein sur sa bouche ouverte de super braillard !

Sauf qu’alors, j’ai eu comme un petit problème. Mon problème, c’est que maman est arrivée derrière moi sans bruit avec sa chaussette.

— Suzie-B. Joly ! Mais qu’est-ce que tu fais là ? a-t-elle hurlé.

Oups ! J’ai avalé ma salive avec un hoquet. Et puis mon cœur s’est mis à cogner dans ma poitrine. Parce que j’allais me faire vraiment gronder, c’est pour ça.

— Euh… J’éclaire… ai-je répondu tout doucement.

— DEHORS ! a-t-elle commandé. SORS D’ICI ! Immédiatement !

Et j'ai commencé à sortir. Sauf que la lampe électrique éclairait par terre. Et que j'ai vu quelque chose de super !

— Eh ! Regarde ! C'est la tétine ! ai-je crié. J'ai trouvé la tétine ! Là ! Là ! Sous le fauteuil à bascule !

Et je me suis dépêchée de la ramasser pour la donner à maman.

Il y a eu du soulagement sur sa figure.

— Oh ! Merci, mon Dieu ! a-t-elle dit.

— Oui ! Merci, mon Dieu ! ai-je dit aussi.

Maman a essuyé la tétine avec sa main, et puis elle a soufflé dessus très fort.

— On ne fait pas partir les microbes comme ça ! l'ai-je prévenue. Parce que les objets qui ont traîné par terre sont très, très dangereux…

Alors maman m'a donné la tétine et je suis allée la nettoyer avec de l'eau et du savon.

Et devinez quoi ? Après ça, je l'ai mise dans la bouche d'Hugo moi-même. Et il s'est arrêté de pleurer ! Oui !

Maman a eu l'air fière de moi.

— Où est-ce que tu as appris tout ça, ma Suzie-B. ? m'a-t-elle demandé.

— Ben, à ma maternelle, tiens ! ai-je répondu.

Et alors, mes yeux se sont ouverts très grands. Parce qu'une géniale de chouette idée m'est venue tout à coup !

— J'ai trouvé ! ai-je crié. J'ai trouvé ce que je vais être pour la Journée des Métiers !

Et puis je me suis mise à sauter partout. Et j'ai couru dans le couloir.

Papa était dans son fauteuil en train de lire son journal.

J'ai passé ma tête juste devant sa page.

— J'ai trouvé ! Je sais ce que je ferai comme métier quand je serai grande !

— Du calme… Du calme… m'a dit papa.

En fait, c'est parce qu'il ne savait pas de quoi je lui parlais, bien sûr.

— Oui, mais je peux pas me calmer, moi ! Je suis trop contente !

À ce moment-là, maman est entrée dans le salon.

— Qu'est-ce que c'est que cette excitation ? m'a-t-elle demandé.

J'ai frappé dans mes mains.

— J'ai des *clarations* à faire ! ai-je annoncé. Voilà ce que c'est !

— Nous t'écoutons... a dit maman. Nous t'écoutons...

Je me suis mise debout bien droite.

Et j'ai dit à papa et maman le nom du métier que je voudrais faire quand je serai grande.

— C'est une super profession, hein ? ai-je dit, encore énervée. C'est le mieux des métiers, hein ?

Sauf que papa et maman ne m'ont pas répondu. Ils se sont juste regardés très, très longtemps.

Puis papa a fait un drôle de sourire.

Et maman a dit :

— Eh ben, dis donc !

6

C'est un secret !

J'ai très mal dormi pendant toutes les nuits de tout le week-end. C'est parce que j'avais de l'excitation qui me chatouillait partout à cause de la Journée des Métiers. Et mon cerveau ne voulait pas se reposer une seule minute !

Alors, le lundi matin, j'ai foncé à l'arrêt du car.

— Regardez, monsieur Séki ! ai-je

dit au chauffeur. Regardez comme je suis habillée aujourd'hui !

J'ai ouvert ma veste et je lui ai montré les habits de mon métier.

— C'est un joli pantalon, hein, monsieur Séki ? Et comment vous trouvez les clefs à ma ceinture ? Et mon pinceau ? Mais je ne peux pas vous dire ce que c'est comme métier parce que c'est un secret !

Et je me suis laissée tomber à ma place. Monsieur Séki nous a conduits tranquillement jusqu'à l'arrêt suivant.

C'est là que monte ma meilleure copine Chloé.

Elle avait mis des oreilles de Mickey et une robe rouge avec des pois blancs dessus !

— Chloé ! lui ai-je dit avec un grand sourire. Qu'est-ce que tu es belle avec ce truc à pois !

— Je sais ! a répondu Chloé. C'est parce que j'ai changé d'idée pour quand je serai grande. Je serai Minnie au lieu de Mickey !

Alors mon grand sourire est parti d'un coup. Et je me suis sentie pas bien du tout.

Parce que ça voulait dire que Minnie non plus n'était pas vraie !

— Eurodisney, c'est rien que des sales menteurs ! ai-je grogné.

Ensuite, le car s'est encore arrêté. Et Guillaume est monté.

Il avait un beau costume de Superman. Sauf qu'à la place du S, il avait un grand G dessus.

— Le G, c'est pour Guillaume… a-t-il expliqué à monsieur Séki.

— Est-ce que ça veut dire que tu sais voler? a demandé monsieur Séki.

Alors Guillaume a eu l'air très content. Et il a tendu les bras devant lui. Et il a sauté drôlement haut.

Mais il n'a pas décollé.

Alors il s'est assis.

Après ça, beaucoup d'autres enfants sont montés aussi.

Robin avait des clefs comme moi, et aussi des menottes en plastique.

Charlotte avait un tablier de peinture rouge et des tubes dans la poche de devant.

Et cette andouille de Valentin avait un peignoir de bain tout blanc.

— Oh ! ai-je dit gentiment. J'ai un peignoir exactement pareil que le tien !

— Ce n'est pas un peignoir, pauvre cloche ! a-t-il répondu. Moi quand je serai grand, je serai un champion de karaté qui fait du kung-fu !

— Oh ! la la ! Valentin est un futur champion de karaté qui fait du kung-fu, ai-je dit à Chloé. Sauf qu'il sort tout juste de la baignoire !

Et alors, elle et moi, on a beaucoup rigolé, parce que c'était vraiment très drôle comme blague.

Et la Journée des Métiers allait être la journée la plus rigolote du monde !

7

Le mieux de tous !

Quand je suis descendue du car, j'ai foncé jusqu'à ma classe numéro neuf.

C'est parce que je voulais que la Journée des Métiers commence le plus vite possible.

Seulement, on a d'abord eu une leçon qui s'appelle *éducation civique*. À cause de ceux qui laissent leurs détritus dans le couloir ou dans la cour.

Et il a fallu qu'on répète tous ensemble : *Je ne jette pas mes papiers ni mes chewing-gums par terre… Je jette mes ordures à la poubelle…*

Sauf que moi, mes ordures, je les mets toujours dans mes poches !

Et puis, enfin, Madame a frappé très fort dans ses mains.

Et vous savez quoi ? La Journée des Métiers a commencé, voilà !

— Les enfants, vous êtes tous superbes dans vos tenues ! a dit Madame. Je suis impatiente d'apprendre ce que vous voulez être quand vous serez grands ! Qui souhaite se présenter en premier ?

— MOI ! MOI ! ai-je crié.

Seulement mon autre meilleure copine qui s'appelle Lucille a levé la main très poliment alors c'est elle qui est passée en premier.

Lucille était la plus belle.

Elle avait une nouvelle robe que sa marraine lui a offerte. Elle était de la couleur rose du velours rose.

Et puis elle avait aussi des petits souliers roses qui brillaient. Et des chaussettes avec des petits nœuds et même de la dentelle dessus.

La marraine de Lucille, elle est super riche, je crois.

Lucille est allée devant toute la classe. Elle a ouvert un sac et elle en a sorti une couronne super brillante avec des pierres précieuses.

Alors, toute ma classe numéro neuf a fait :

— Ooooooh !

Sauf les garçons.

— Quand je serai grande, j'épouserai un prince ! a expliqué Lucille. Et je serai une princesse. Alors, on m'appellera Princesse Lucille...

Et puis, elle a posé la couronne de pierres précieuses sur sa tête. Et on aurait dit qu'elle était un dessin dans un livre de contes de fées.

Madame a souri.

— C'est une très belle idée, Lucille !

— Je sais ! a répondu Lucille. Ma marraine dit que si on épouse un prince, on a plein de sous pour toute sa vie !

Après, Lucille a raconté combien avait coûté sa robe, et puis ses chaussures, et même ses chaussettes.

Alors Madame a dit à Lucille de s'asseoir.

Et ça a été le tour de Ricardo.

Il portait un chapeau jaune en plastique tout rond. Le genre de chapeau sur lequel on peut taper.

— Ça s'appelle un casque de chantier, a expliqué Ricardo. Il faut en mettre un quand on construit des grands immeubles. Sinon, quelqu'un peut laisser tomber un marteau de tout en haut et ça peut vous frapper à la tête et vous zigouiller !

Madame a souri.

— Ainsi, les chantiers de construction t'intéressent ? C'est cela, Ricardo ?

Mais Ricardo a continué de parler des autres trucs qui peuvent nous fracasser le crâne. Comme une boîte de peinture. Une perceuse électrique. Et même un panier à déjeuner.

Alors Madame lui a aussi demandé de s'asseoir.

C'est à ce moment-là que Guillaume a levé le doigt. Seulement, il était trop timide et il a pas voulu aller devant toute la classe.

— Ce n'est pas grave, Guillaume, a dit Madame. Dis-nous juste ce que tu voudras être quand tu seras grand...

Guillaume a mis les mains sur sa figure.

— Su... Super Guillaume... a-t-il dit d'une toute petite voix.

Et puis, il s'est levé de sa chaise. Et il a sauté drôlement haut en l'air.

Mais sa cape s'est accrochée à sa chaise et il s'est aplati par terre.

Après ça, Super Guillaume a commencé à renifler. Et Madame a dit qu'on reviendrait à lui plus tard.

Ensuite, plein d'enfants ont parlé de leur métier.

Comme le garçon qui s'appelle Fabien et qui va être un cosmonaute riche et célèbre.

Et la fille qui s'appelle Lili et qui sera une star de cinéma riche et célèbre.

Et le garçon qui s'appelle Ariel et qui va être le chef riche et célèbre d'une grande entreprise. Il nous a même appris comment on dit : *Vous, vous êtes renvoyé !*

Et puis, il y a eu le mieux de tous ! Le garçon qui s'appelle Thomas et qui sera président de la République !

— Cool… a dit Ricardo.

Et puis les autres garçons aussi ont dit que c'était cool.

Moi, j'ai eu un petit sourire. Parce que c'était bien mais ce n'était pas aussi cool que mon métier à moi.

Alors, j'ai levé la main très poliment et Madame a dit mon nom.

— Oh ! la la ! ai-je crié. Vous allez voir ! Mon métier à moi, c'est des millions de fois mieux que président de la République !

Et j'ai foncé devant la classe.

Et mon excitation, elle voulait plus rester à l'intérieur de moi.

J'ai hurlé :

— Moi, je serai... GARDIEN DE L'ÉCOLE !

J'ai secoué mon trousseau de clefs. J'ai agité mon gros pinceau. Après, je me suis applaudie très, très longtemps.

Seulement, ça n'a pas été formidable pour moi.

Parce que personne d'autre ne m'a applaudie.

Et puis il est arrivé quelque chose d'encore pire.

Toute la classe numéro neuf s'est mise à rigoler. Et ce n'était pas très gentil comme rire.

— Ha ! Ha ! Elle veut être gardien ! ont-ils hurlé. Gardien !

Ils ont montré du doigt mon pantalon marron.

Et ils ont dit que j'étais idiote.

Je ne savais plus quoi faire. Parce que je me sentais toute molle à l'intérieur.

Alors je suis juste restée debout, comme ça, sans bouger.

Ensuite, j'ai eu un peu de mouillé

dans mes yeux. Et mon nez a commencé à couler.

C'est pour ça que j'ai mis mes mains sur ma figure.

— Ils n'ont pas du tout de courtoisie pour moi, Madame... ai-je dit tout doucement.

À ce moment-là, Madame a froncé les sourcils et frappé dans ses mains. Et elle a grondé très fort la classe numéro neuf.

— Suzie-B. a raison ! a-t-elle dit. C'est très important d'être un gardien ! Il faut être courageux, sérieux et tout à fait digne de confiance !

J'ai écarté un peu mes doigts pour la regarder.

— Oui, ai-je ajouté, et il faut pas

oublier de dire qu'on sauve aussi les gens qui sont en danger !

Alors Valentin, que je déteste, a ricané :

— Jamais les gardiens sauvent les gens, pauvre débile !

J'ai tapé du pied.

— Si, ils sauvent les gens ! Parfaitement ! Un jour, j'ai mangé un bonbon dangereux, et le gardien me l'a fait cracher ! Et c'est lui aussi qui a apporté sa lampe de poche pour sauver Guillaume du fil dentaire super dangereux !

J'ai montré mes clefs.

— Et vous voyez ça ? C'est avec ses clefs que le gardien ouvre la porte des toilettes ! Sans lui, on ne pourrait même pas aller aux toilettes !

Ensuite, j'ai montré mon pinceau.

— Et les gardiens, ils peignent les poubelles ! Et peindre, j'adore ! C'est ce qu'il y a de plus drôle !

Cet imbécile de Valentin a eu un sourire méchant.

— Ah ouais ? Eh bien, dommage pour toi ! Parce que t'es une fille ! Les gardiens, c'est toujours des garçons, et toc !

J'ai couru jusqu'à sa table.

— Même pas vrai ! Les filles peuvent faire tout ce que font les garçons ! Hein, Madame, que j'ai raison ? Parce que je l'ai entendu à la télé !

Madame a souri.

Et puis ma meilleure copine Chloé a applaudi.

Et vous savez quoi ? Toutes les autres filles de ma classe numéro neuf ont applaudi aussi.

8

Louis Salami...

Aujourd'hui, le gardien de mon école est venu dans ma classe numéro neuf pour nous parler de son métier.

Et ça a été la journée la plus chouette de l'année !

Parce qu'il a apporté sa grosse boîte à outils avec lui, c'est pour ça.

Et on a joué au jeu de dire le nom des outils.

Et vous savez quoi ?

Je connaissais la *scie*.

Et le *marteau*.

Et le *mètre* avec son petit truc pour le coincer.

Alors le gardien nous a montré comment on se servait de tout son matériel.

Charlotte a eu le droit d'allumer sa lampe électrique.

Ma meilleure copine Chloé a eu le droit de balayer avec son grand balai.

Et Lucille, qui a toujours de la chance, a pu nettoyer le tableau avec sa grosse éponge !

Sauf qu'à ce moment-là il y a eu un petit problème. Parce que je voulais la serpillière pour laver le carrelage. Mais cet imbécile de Valentin ne voulait pas la lâcher. Alors il a fallu que je lui pince le bras.

Après ça, on nous a confisqué la serpillière.

Confisqué, c'est comme ça qu'on dit à l'école pour nous arracher quelque chose des mains, vous vous souvenez ?

Après ça, le gardien s'est assis sur une chaise. Et tous les élèves se sont installés par terre autour de lui.

Et il nous a parlé de lui et de son travail.

Et vous savez quoi ?

Il est gardien de l'école depuis quatorze ans.

Et puis il est né dans un autre pays que nous.

Et il s'appelle Louis Salami.

— Eh, j'adore ce nom, Louis Salami ! ai-je crié. Parce que le salami, c'est mon saucisson préféré !

Alors j'ai eu un sourire très fier.

— Et puis vous savez quoi encore ? ai-je demandé à toute ma classe numéro neuf. Monsieur Salami et moi, on est des amis. Des fois, il m'appelle même sa petite demoiselle !

Et le gardien m'a fait un clin d'œil pour moi toute seule.

Et, moi aussi, je lui ai fait un clin d'œil. Sauf que mes deux yeux voulaient se fermer en même temps. Alors j'ai dû en tenir un ouvert avec un doigt.

— Je l'aime vraiment beaucoup, monsieur Salami ! ai-je dit à ma meilleure copine Lucille.

Seulement, cette idiote de Lili m'a entendue.

Et elle s'est mise à chanter :

— Suzie-B. est amoureuuuse... Suzie-B. est amoureuuuse !

C'est comme ça que je suis devenue très gênée.

Et j'ai dit :

— Mais pourquoi je ne sais pas tenir ma langue !

Alors Madame a ri.

Et le gardien aussi.

Ensuite, il a fallu que monsieur Salami retourne à son travail. Alors Madame lui a serré la main.

Et la classe numéro neuf l'a applaudi comme s'il était une vedette.

Et le gardien a souri.

Et ses clefs qui font du bruit ont fait du bruit longtemps dans le couloir de mon école.

Tu as la langue bien pendue ?
Alors, découvre vite un extrait de

Suzie la chipie

L'espionne en cachette

[...]

Espionner, c'est quand on ne fait pas de bruit du tout et qu'on observe les gens par un petit trou dans un mur ou quelque chose comme ça.

Moi, je suis très bonne pour espionner.

C'est parce que je sais marcher comme un chat ! Et que mon nez ne fait pas de bruit quand je respire !

Vendredi matin, chez mon papy Jean, je me suis cachée dans le panier de linge sale.

Mon papy est entré dans la salle de bains. Alors, tout doucement, j'ai soulevé le couvercle. À peine. Juste pour regarder en cachette ce qu'il faisait.

Et vous savez quoi ?

Papy Jean a retiré d'un coup toutes ses dents de sa bouche ! Voilà ce qu'il a fait !

J'ai sauté du panier.

— Eh, Papy ! ai-je crié. Comment tu fais un truc pareil ?

Il a poussé un de ces cris ! Et il est sorti de la salle de bains comme une fusée !

Je crois bien que papy Jean a le cœur qui bat trop vite.

Peu après, maman est venue dans la salle de bains. Ses chaussures faisaient un clap-clap énervé. Elle a crié :

— Suzie-B. ! Ça suffit, maintenant ! Tu arrêtes d'espionner ! C'est la dernière fois que je te le dis ! Tu m'entends ?

— Oh, pour ça, oui ! ai-je répondu. Tu me cries en plein dans l'oreille !

Alors maman m'a ramenée dans notre maison à nous. Mais elle était encore en colère contre moi.

— Trouve-toi quelque chose de tranquille à faire, Suzie-B. ! m'a-t-elle ordonné. Quelque chose de calme ! Ton petit frère a besoin de dormir !

J'ai réfléchi et réfléchi encore et j'ai eu une chouette bonne idée !

D'abord, j'ai retiré mes chaussures qui font du bruit...

Et puis je suis entrée sur la pointe des pieds, en chaussettes, dans la chambre de bébé d'Hugo.

Et je l'ai espionné à travers les barreaux de son lit.

Parce que c'est tranquille et calme, ça, espionner quelqu'un en secret !

Mais c'était ennuyeux car ce ramolli de bébé ne faisait que dormir.

Et il n'était pas drôle du tout.

C'est pour ça que, sans faire exprès, je lui ai soufflé sur la figure.

Et que je lui ai chatouillé le bout du nez avec un ruban.

Et que je lui ai crié : « RÉVEILLE-TOI ! » dans l'oreille.

Et vous savez quoi ? Mon petit frère a ouvert les yeux !

Il s'est mis à pleurer tellement fort que maman est arrivée en courant dans sa chambre.

Mais elle m'a même pas vue !

Parce que je me suis vite cachée dans le placard.

J'ai souri dans le noir. Et je me suis dit dans ma tête que j'étais la championne du monde des espionnes.

[…]

Dans la même collection

Suzie la chipie

1. Mon tout premier jour d'école
2. Le drôle de ouistiti
3. La pipelette bavarde
4. L'espionne en cachette
5. La mauvaise perdante
6. L'anniversaire de cet idiot de Valentin
7. Oh ! l'amoureuse !
8. Un monstre sous mon lit !

Composition : Francisco *Compo*
61290 Longny-au-Perche

Impression réalisée sur Presse Offset par

BRODARD & TAUPIN
GROUPE CPI

La Flèche (Sarthe), le 19-05-2005
N° d'impression : 29559

Dépôt légal : mai 2004
Suite du premier tirage : juin 2005

Imprimé en France

POCKET jeunesse
12, avenue d'Italie • 75627 PARIS Cedex 13
Tél. : 01.44.16.05.00